Chão vermelho

JULIANE ARAÚJO

CHÃO VERMELHO

2ª Edição

para as que vieram antes

a partir de agora
toda tua atenção é dispensável
anula teus espaços preenchidos
assuma comigo o compromisso de ser nada

não seria mais eu sem esse intervalo de mim
esse espaço de silêncio para me encontrar no honesto
caio para retomar o chão nas digitais
mapear as linhas da mão
colar a unha na terra
deixar suja
sentir novo cheiro
sucumbimos, não somos o que sonhamos
a nossa vida mesmo a gente demora para assumir

conversa com o amigo e poeta Leo Rosa

sê valente

tinha mania de tatear incertezas
num piscar
tudo mudou

eu achava que todos os sonhos do mundo cabiam no pote
que eu guardava embaixo da cama
desses de margarina
enfeitado com as fitas mais coloridas que encontrava
pelo vasto caminho escola casa escola
já sabia que todos os sonhos do mundo
poderiam caber na palma de minha mão
em uma só
de pequena eu já tinha poderes incontestáveis
desenvolvidos com o árduo trabalho de imaginar
todos os sonhos do mundo que cabiam no pote embaixo
de minha cama
e na minha mão
teriam vida própria
pouco a pouco
como esses pássaros que só ficam no ninho
enquanto necessitam do afago da mãe
e que logo voam
como se já nascessem sabendo
que vida de pássaro é voar
desvendar o mundo
ocupar vastidões

estava acostumada com meus vazios
com meus espaços desocupados de existências
a luz entrava pelos intervalos do concreto
-claridade de brilhar olhos-
e eu recriava o mundo sem sair de casa
-ansiedade de engatinhar passos-
pousada numa agoniada matutina
desarmava meu organismo
umedecia os olhos antes do chão tocar meus pés
pro início
para mais um início
submersa no meu peito deserto
entre o sono e a vigília
questionava o despertar acidental
e a repetição dos dias trançava a rota
sem novo caminho
só o que sobrara
o que restara do já sepultado
continuação interrompida pela noite
lacuna preenchida pelo vão
e no oco conservar o mundo
e na pausa interromper o fim
quando os meus pés no chão se molharem
e o sol alcançar o peito
vou rir de mim
do medo do amanhecer
calçar abismos
dançar sobre os pés de Deus

oscilo
entre a euforia, a apatia, a melancolia
na minha frente tem uma pilha de livros
uma pilha de filmes
pensando
não faço
o tempo é pouco
e eu o uso mal
enquanto escrevo percebo um canto
na janela do quarto
é de pássaro
na grande Copacabana um pássaro canta
isso pode significar alguma coisa
para mim
e pro pássaro
eu sempre penso em importâncias
exprimir, do banal, o belo
beber meus descuidos em copo d'água
tô cansada da grandiosidade
quero ser pequena
esgarçar momentos
me fazer silêncio
passar despercebida
ser desapercebida

tenho mais jeito para ouvir conversa de pássaros
do que para telejornais
nasci ao contrário
de modo que me desvirar foi minha batalha inicial
perdi
para mim há de se ter necessidade para permanecer
para continuar
além do querer
se não há
deixo estar
e passa
tenho mania de cronometrar o correr das horas
só para constatar a pressa da vida
para qualquer coisa que não seja pé no chão
hei de me adaptar
hei de me poetizar
só para fazer um pouco mais de sentido
visto canções como quem veste moletons nuns frios
para aquietar
para me encorajar a dizer
tenho abrigo para os olhos do mundo

desde pequena tenho mania de ponta-cabeça
levo meu corpo até a beirada da cama
e jogo minha cabeça ao chão
metade do corpo em cima
a outra metade derretida no piso

eu sou a junção da incompletude
o vão
o oco das coisas que não vivi
eu sou as ruas da cidade que desconheço
o vazio do amor que não quis
sou a chuva que molha rostos
os carros que guiam espaços
sou a cegueira do mundo
tentando encontrar o mapa do tesouro
códigos, tralhas urbanas e pontilhados invisíveis
eu, trem em dias úmidos,
relembro as paisagens apagadas
da memória de minha vó
ela tinha uma pinta na boca
parecida com a que tenho no peito esquerdo
eu sou ela e sua maldade
e a beleza dos seus dias bons, que eram tão bons
vivia mais tempo em dias ruins
sou minha mãe sentada na cadeira
e a lembrança de sua dança juvenil
eu sou o amor que desisto
sou peito, abrigo, fortaleza
sou a poesia dos novos tempos
o arregaçar mangas
arregalar espaços

dava de comer, limpava boca, estirava na rede saciada
pra mode balançar
os quatro riscos no braço direito
conquistados com muita batalha
a levavam de volta para casa
não é todo mundo que tem
esse tanto de marcas para lembrar
um troféu e tanto
quatro riscos feitos por um garfo
garfo que de pequeno se agigantou
com o tempo esticando a pele
então
quatro riscos feitos por um garfo esquentado no fogo
que atravessou todas as camadas de amor e ódio
até atingir o braço de cinco anos
legítima defesa
a menina não era flor que se cheirasse
era um tanto de por quê, como assim, o que é isso
que diabo nenhum aguenta
quatro riscos que parecem mais arranhões
ao lado da primeira vacina
feitos por um garfo e pela irmã mais velha
são sua marca preferida
arte permanente feita no amor e no ódio
vai me dizer que não sabe que é tudo a mesma coisa?
andam juntos, colados
os dois palpitam
fervem o sangue
e é diabo difícil de arrancar da memória

coisa que quase tudo faz lembrar
abrir mão é negócio de doer
mais do que prego no pé, queimadura de ferro,
tombo da laje, braço quebrado em partida de futebol
os quatro riscos tatuados que a levam de volta para casa
são os mesmos quatro riscos que a jogam no mundo
é torre alta que dá vontade danada de subir

o pipoqueiro é o protagonista desse filme
a câmera subjetiva
ele produz a coadjuvante ou às vezes até o motivo
sua escuta passa da expectativa inicial à crítica final
em um chicote de mais ou menos duas horas
ele sabe das pessoas
as compara
ele entende seus argumentos
e quando existe a real permissão para o atravessamento
protagonista de beiradas, dos intervalos
coisa de premiação
eu gosto dos intervalos sem crise dramática
sempre achei que vida era carrossel
mas ansiedade de primeira cena
só é bom porque é primeira
as beiradas não
a pausa-respiração entre uma cena e outra
o distrair de uma conversa olho no olho
que é quando você mais no olho olha
o slow motion do coração sossegado
quando desiste de ser ação direta

hoje eu descobri meu coração
foi mesmo assim
de uns meses pra cá vez ou outra
sentia dentro um movimento de atormentar sono
como um acampamento sendo montado
quando fazem morada à luz da lua
tipo invasão
à surdina
sorrateiramente estendendo rede
esticando esteira
esquentando água
do peito insuficiente escapavam festejos
-logo interrompidos pelo meu alertar-
a faxina era coisa que doía
de aguar olhos
e no tempo de um piscar preguiçoso
o bicho levantou tenda e sobrou até tempo para decorar
com tudo pronto
ajeitado
aprumado
perfumado
marcou o encontro

eu acordei cedo essa manhã
já mais acostumada com o fluxo
que me invadia o peito
mas um pouco desconfiada que hoje
era dia do acerto inicial
sabendo que logo me cobrariam o aluguel

por aqui é assim
a gente até pode ser dona da propriedade,
mas é o invasor que envia o boleto
e não é coisa de parcelar
é negócio para não fazer miséria
pagamento de encher a mão
fatura de se atolar
de se lambuzar
de embebedar vida
ressacar dias seguintes
de terminar suja com mãos de barro
menos que isso, a multa é certa
o invasor é um ditador do prazer
um sobrevivente
sangue de invadir terrenos
ocupar terras ao som do açoite

no horário marcado ele apareceu
olha, eu podia até florear
e fazer dessa contração uma história mais bonita
mas te digo, te abro e me escancaro
o carrasco é um grande cobrador
de riscar chão com faca, levantar poeira
e invocar dias líquidos
de derreter qualquer miséria, guardado
ou mesquinharia
com as mãos suadas me desvendou os olhos
acarinhou meu ventre
e com a urgência de uma vida inteira esperei

ONDE ESTAVA VOCÊ SENÃO AQUI?

o tinhoso é resistente
arqueiro de uma flecha só
paciente que nem mulher para parir filho
e na apresentação
eu o reconheci
ocultava a morte em gestos miúdos
no assoalho, lama
na mão esquerda, espuma de água doce
lavou meus olhos
ninou meus ombros
beijou meus pés
como quem nunca teve motivos para se queixar

na saudade do meu nascimento lembrei de minha vó
que em todo o seu esquecimento me alertou
peito tem tempo para despertar
tem tempo para rodar terreiro
e eu sabia que ela não mentia

a urgência acumulava nos olhos da moça
o desconforto dos seus atrasos
era uma virose
que a fazia fungar novidade de hora em hora
o relógio despertava suas chegadas
num fluxo descontínuo
nascera para o descompasso
sabia que seu tempo não cabia no tempo do mundo

hoje me apresento sem título.
sou dois braços, um tronco, duas pernas.
alguns muitos dentes me ocupam a boca.
deixo sua mente bordar mapas dimensionando
meu corpo. e depois se quisesse me encontrar
você ia ter que se lembrar de mim.
lembrar a cor dos meus olhos para me descrever.
"uma mulher que tem os olhos castanhos", você diria.
essa coisa. sem nomear. construir um estado de sombra.
recanto à beira. bem no cantinho da existência.
quase não ser. algo isento. puro. eu mal existo.
e se existo só escorro. demorei. para hoje te dizer
que ocupo meus dias procurando os inícios.
a fonte das palavras antes de vestirem os sentidos.
para isso precisei ser livre da realidade. atear fogo.
o abandono da vida é o espaço que se vive.
aquele fragmento despreocupado de acerto. livre.
desempecido. as minhas mãos agora latejam o tocar
primeiro. ansiosas para bordar o nascer. o meu nascer.
todo dia um parir. nome é uma serpente.

visto minha pele mais doce numa sexta-feira
relembro dos acasos
que fizeram soprar meu coração-pássaro
esse que se faz preguiça de quando em quando
na inconstância da corrente de ar
mas foi abençoado com vendavais
de levantar os lençóis
que quaravam no quintal de minha mãe
mãe
que sempre teve em si um coração
meio que igual ao meu
às vezes guarda
na terceira prateleira da cristaleira da sala
por apego e por medo de quebrar
na última disse a ela que coração é órgão forte
músculo resistente
faz inveja a qualquer marombeiro à beira-mar
trovoa sangue que flui em sentido único
resgata relâmpagos com sede de terra
um fugitivo fazedor de manifestos matutinos
e revolucionário das noites frias

meu coração que é tão de pássaro
pelo semelhante número de cavidades
cava o que a minha mente não vê
e abre portas -só de sacanagem-
para saber como o restante do corpo aguiar
com o tanto de coisa
que ele naufragava pelo pericárdio

mas eu que não vim a esse mundo desavisada
sigo em meu desleixo anuviado
coisando faceira
até a hora da partida derradeira
do acerto final
esse que de fim
pouca coisa tem
e de acerto
menos ainda
já que a garantia é pouca
e a miséria é bobagem

meu coração-asa em andanças fora do corpo
deslumbrante da viagem se embebedou na fonte

eu poderia destruir o mundo para ver mais um início
a junção das moléculas de ar
a junção das moléculas de coisa nenhuma
para renomear tudo
para renomear molécula
dar o nome que eu quiser
chamar peito de casa
fazer morada
decorar o espaço
devorar o vão
assumo o oco
acalentado pela voz de uma velha senhora
-tonto, o amor tem mais vidas que gato

reinvento palavras para suprir meus devaneios
concebo poemas tortos para repousar
acolho o passar do tempo como quem acolhe viajantes em beira de estrada
-cama posta, café quente, olhos desconfiados-
o que esperar desse que nem chegou mas já está?

eu tenho linhas que não tinha
me disseram que ia ser assim
é que agora que elas chegaram dá um frio na barriga
uma vontade de entender um tanto de tudo
e na espera das certezas que pensei que teria
arrumo pesos para colocar nas costas
para respirar com mais tranquilidade e maturidade
a tranquilidade que eu não tenho
mas que deveria ter
por causa das linhas
também da idade
que chega depressa
correndo
eu só enxergo os mesmos sonhos de antes
a mesma cara de antes
só que com linhas
muitas
carimbando vivências como quem carimba postais

no querer se perder
acabou se encontrando
no processo foi tudo
até ela mesma

e foi preciso naufragar em nuvens
experimentar nados
mergulhar no infinito
atravessar de uma ilha a outra
reconhecer-se no gozo
comemorar contrários
assumir o hiato

anda anunciando sua chegada
finjo que não percebo
me adapto a não enxergar
desligo uma previsão ou outra
entendo que se eu olhar já fui
me engano nas entrelinhas das palavras não ditas
atravesso sem olhar para os lados
desvendo frios na barriga em peito quente
procuro pausas dramáticas em frases banais
procrastino
silencio boca aberta
me enfeito em Folia de Reis

a mulher que atravessa a rua
usa meias de seda
cabelos na altura do ombro
carrega na sacola um presente do marido,
um litro de leite e três velas azuis
em passo de solteira
percorre de uma ponta a outra
com a urgência de quem deixou uma panela no fogo
não estou mentindo
na sacola há um disco de Ella, três velas azuis
e um litro de leite para o gato
gato que teimava em manter sua alimentação
à base de vaca
cisma de bicho vadio
que tem gosto pelo conhecido
tudo era oferecido a ele
até peixe
que também é coisa de gato
mas ele nada aceitava
o marido da mulher solteira
insistia que aquilo era coisa de gato de madame

mas ela era sim um pouco madame
e um pouco vadia
como o gato

existo entre um colapso e outro
cato as efemeridades só para eternizar
flutuo entre o infinito de coisas que não sei fazer
me abraço como só abraça uma mãe
acolho minhas imperfeições
na incompletude enlaço memórias
desbravo o universo para preencher vazios imorais
numa dúvida sem fim sobre seguir
parar
continuar

sonhava em ser ilha para ser desabitada
sonhava ser inteira para ser despedaçada

felicidade escorre pelas raias
tem seu próprio curso
não precisa encher a mão
precisa transbordar o peito
é muito mais sobre o pássaro
do que sobre a gaiola

a mulher do metrô me fita
me come
devora minha juventude
seus olhos me abrem caminhos
deságuam memórias
imploram experiências
e no abrir e no fechar das portas
de uma estação a outra
ela me esquece
me ignora
me abandona meio cheia, inteira, partida

eu poderia subir ali no alto
se pudesse te descrever
eu diria:
uma sacada
alto parapeito
peito de frente pro mar
seria bonito deixar meu corpo balançar
lançar fim da vida enquanto o ar entra

e foi preciso entender a ordem natural das coisas
para desnaturalizar o pensamento
começar de trás pra frente
embrulhar sentimentos
e enviar para estranhos
como presentes de Natal

escrevo para me consagrar

penso que já morri muitas vezes
a primeira foi lá nos meus seis anos
quando eu matei por pura maldade
uma formiga que subia na planta do meu pé
depois dessa foram muitas
outras muitas vezes mortes
e de morte em morte vivi
ano passado morri da morte mais morrida
renasci aos poucos
desemparedei
afugentei erros
acolhi acertos
e o contrário também
troquei a melodia
morrer sempre tem seu charme

a gente anda atravessando tanta coisa
essas cegueiras que só vemos dentro
se deixando atravessar

me perco
atonal
sem dó

no meio do caminho
poderia ter sido no começo
para poupar o cansaço
ou no final
para experimentar o fracasso
mas foi no meio

e lá no começo
a gente brincava de nomear peixes e ventiladores
tudo crescia sem mapa

    argila
                      espelho
        luzes
                                      tapa na
                                          cara
            saudade

    casca de ovo

                    você
                            pernilongos
                                            silêncio
            sono
                  assalto
papel
        veículos
                                teias
                        aranha
    idade média
                refúgio
                        garotos e
                                bicicletas

eu não escrevo sobre amor

agora mesmo poderia escrever sobre qualquer coisa
menos sobre amor que é coisa que não escrevo
poderia contar que aprimorei meu café
ele está um pouco mais forte que antes
e comprei uma garrafa de manter temperatura
-térmica, disseram-
agora posso tomar café quente durante muitas horas
você ia gostar disso
mas não falo sobre você
porque não escrevo sobre amor
hoje quando o primeiro raio de sol brilhou no olho
lembrei que essa quentura ia te fazer mais feliz
mas isso também não importa, você sabe,
não escrevo.

agora, caminho em ruas desertas com muitas árvores
sossego de quem gosta de bicicletas
no alto um pássaro canta melodias de navegar
navego pelo furdunço que não me cabe mais
e lá no meio está você
te resgato
te banho
te limpo
te beijo
te desloco pra outro canto do peito
mas não falo de você
não escrevo sobre amor

saudade é chão de terra vermelha
que dá vontade de deitar

me ensina modos de bicho
partilhar meus dias em água doce
tirar roupa em rio
espalhar brisa em dias de sol
me ensina a plantar raiz e semear
eu, que hoje sou pouco
no tanto que já sou o amanhã
quero aprender o pouso do mar adentro
aquele que faz mistério só de sacanagem
para não perder a graça
para se fazer imerso em si
manter o segredo em imensidão
para os que não mergulham fundo
me ensina mesmo
a andar pelas bordas
me fazer beiradeiro
en sól arar margens, marginal
me ensina a assobiar cantigas em rodas de samba
rodar a pequenez dos meus pensamentos
que teimam em desmontar meu não saber
me faz fazedor de histórias novas e sem fim
eu canto a fome das noites vazias

quero desaprender o mundo
me ensina?

na próxima estação eu desço
para
aí
não se move
me fala algo para harmonizar meus conflitos
me conta histórias desnecessárias
me pergunta o que não quer saber
para disfarçar
forja ideias em um palanque para me convencer
eu estou em estado de vento
escorro terra por entre dedos
tá difícil juntar
palavras criam asas na minha garganta
e eu as engulo
ando devagar onde minha cabeça já foi
adoeço
diagnóstico: prenúncios
na próxima estação eu desço
esqueci
busco minha relação com as pedras
deságuo na terra seca
para umedecer o dia
essa cidade sempre foi tão quente?
ancestralidades me acossam
difícil ficar inteira
tento
enfrento
eu vou arrumar isso aqui
faço Deus e o Diabo

minto, bufo, grito, sumo
você vê o que eu vejo?
calma, eu já vou arrumar isso aqui

o meu amor vai de trem por aí
modela paisagens no céu da boca

pega na minha mão, poeta
tece poesias com linha na boca
alinhava teus versos na barra de minha saia
e quando eu rodar jogo teu amor pro mundo
assim mesmo que deve ser
pro mundo inteiro
amor é coisa que não deve ter fronteira
nem passaporte, cancela, avião
mas sei de um mundo
em que cabem todas as tuas danças
peito espaço para fazer quintal
você consegue ouvir o vento?
foi mesmo assim:
olha, eu já ouvi um bocado de nomes para isso aí
isso aí que disse que não sinto que sinto
é sem encaixe
não se encaixa em mim nem em canto algum
peça que sobra em quebra-cabeça montado
você desfaz tudo e recomeça
ou joga fora
não decidi
tudo que tenho é tão meu que não me importo
carrego a loucura do mundo nas costas
brinco com ela
e ninguém sabe
até gosto disso
até gosto
hoje saí olhando vitrines, Dr.
é necessária a compra de uma TV

pra mode ver o passar das horas
-dentro cabeça adentro -
sabe essas coisas de imensidão?!
navegar em correntes escuras?!
hoje não!
devoro
eu pensei que ia morrer
pensei mesmo
anteontem -ou um antes dele
o dia antes do ontem de ontem, como chama?
não precisa responder se quer
sequer
tenho resposta

"as coisas são mais simples do que parecem"
ele disse enquanto dava o segundo nó
no cadarço do tênis
era um homem de nós
eu sabia
dedilhava meu nome em suas canções
como se soubesse que algum dia
eu iria me procurar nelas
me banhar nas suas melodias
vestir seus versos
precisei sair de mim
viajar para fora
uma viagem, posso dizer, turbulenta
dessas em que falta alimento no meio do caminho
e a gente se pergunta por que não embalou
mais um sanduíche
fome é coisa que faz a gente vez ou outra
se alimentar de qualquer coisa
mas nessa viagem não
fui feito um gato meu que tinha cisma de uma ração
a gente fazia o diabo pro gato trocar
pro gato comer de vez em quando uma mais barata
mas o tinhoso morria de fome
só se alimentava da dita-cuja
achava bonita a teimosia
pois então, foi mesmo assim
a viagem para fora de mim
começou numa manhã bem cedinho
quando eu percebi que não havia mais encaixe

entre eu e o mundo
e que ainda tinha você
atravessei túneis a nado
e num esforço de respirar ao contrário
meus medos se abraçaram aos seus
-sossego de abrir peito -
permito a entrada nos dias frios
nos nublados prefiro ficar só
na mesa, café quente
no olho, rascunho silêncios
a bagunça embrulha o estômago
até pode entrar
mas não mexe em nada

dois meninos brincam no alto de um prédio
brincam de ventar no parapeito
bambeiam cordas lá de cima
daqui eu vejo um pássaro e dois meninos
e eu nem sei quem voa mais

a gente tinha mania de saber mais do outro
do que da gente mesmo
você me contava da sua infância em terceira pessoa
e eu tentava adivinhar quando eram histórias suas
ou histórias-outros
você sempre teve vício de ser muitos
e era aí que eu era você
eu ando nas ruas modificando o ritmo
entendo qual funciona melhor
de acordo com as mudanças climáticas
é sempre meio óbvio
em dias de chuva forte, há de se acelerar passos
mas semana passada eu travei pernas
na esquina de casa
até pingar cada fio de cabelo
umedecer peito
passantes aflitos
e eu lá
me misturando naquela água toda
foi nesse dia mesmo que entendi
dificilmente eu era eu
acho que só às vezes mesmo
canso muito rápido
eu sei, você diria
a gente sempre é a gente,
 mesmo quando é outra gente
eu sei, moço, eu sei
mas ultimamente tenho visto um bocado de coisas
com olhos-primeiros

ontem reparei duas pintas novas
bem do ladinho de uma tatuagem
que tenho no pescoço
lado direito
você sabia que nosso nariz e nossas orelhas nunca param de crescer?

não se ossificam
aí eu escrevi
meta de vida: não ossificar

passa rápido
até passar
demora

nunca perguntei dos seus inícios
sempre tive vício de abismo
desde o começo guardava no bolso
o mapa da partida
hora ou outra ela chegaria
tinha que chegar
é que a vontade de terra firme era atravessada
por intuição em alto mar

às vezes é só isso mesmo. a linha arrebentada.
a mudança de rumo. meio cheiro. meio toque.
meio amor. às vezes é só isso mesmo. uma espera.
uma vontade que não se cumpriu. uma falta aqui.
uma dor ali. juntar os cacos. os vidros. os olhos.
e fim. e só. e só seguir

aquela imensidão em volta
e você aguando minha terra seca
inundando meu peito-pedra
com tua cantoria de menino
de menino de açude
de ri o interior

eu não tenho o que te dizer
se procura por mim não há de me encontrar
esses rabiscos não são recortes seus
são rascunhos impacientes
-sombras das suas inconstâncias-
neles conto do rangido que nossa vida fazia
dois soterrados na mesa de jantar
devorando nossos vazios
-tumulto de entrelaçar beijos -
horas recuando futuro
-contratempo do destino-
e a gente se arrastando na poeira do chão
o som vibrando silêncios
um amor arredio inventando línguas
para construir no céu da boca a fala possível
sovar abraços até arder na desculpa de atar laços
de pisar o mesmo chão
seu rosto de homem submerso nas minhas mãos frias
e nos seus olhos o escorrer das minhas faltas

eu poderia ligar seus pontos
e ver quantos me desaguariam olhos
pontilhar suas pintas
até manchar sua pele
deixar escorrer tinta pelo seu rosto já tão pintado
emaranhar minhas cores nas suas
e cantarolar a rouquidão dos seus dias
na mesa do café da manhã
eu poderia subir mato e me banhar
nas águas que te ninaram
que te plantaram os pés
que faz voar bicho-de-pé

me deu vontade de saber das frutas
que o faziam saltar mãos ao alto
para arrancar do pé

à janela da vida
retorno ao coração da terra
meu quintal de casa

de pequena sentada na goiabeira
na lateral de minha casa
havia um pedaço do céu que só eu via
era um pedaço que refletia no telhado solar
da minha vizinha de baixo
eu sempre gostei de procurar coisas que são só minhas
batia ponto para ver delírios
o céu enrubescido todo fim de tarde
um alaranjado tão forte que se fazia desvio meu olhar
eu lá
na goiabeira
eu que nunca fui de goiaba
mas que sempre fui de cortar com os dedos
os caminhos das formigas
que subiam pelos galhos amarronzados-terra
o descompasso dos seus passos
perdidas das outras que seguiram o caminho
de maldade matei uma
guardo esse episódio no baú das grandes dores da vida
guardo aquele fragmento alaranjando cegante de céu no baú
das grandes belezas anônimas da minha vida
nomear é para quando eu não sei sentir

tem dia que é uma dor de tão bonito
quase não cabe na nossa existência
é preciso um certo esforço para vesti-lo
ocupar suas horas sem medo
segurar firme
ser fiel
inteiramente fiel a ele

minha mãe tapava com panos os ralos do quintal
todo dia de chuva
pra gente no meio da chuva se lavar
a gente escorregava barriga para baixo
feito peixe-boi
pela água que não escorria pelos ralos
-a falta de piscina me alegra a memória-
a gente fazia bolinho-de-chuva em dias de sol
só pra comê-los em cima do pano
que ela estendia no quintal
e deitar com a barriga para cima
feito lagartixa
para dourar a pele
-a falta de praia me alegra a memória-
a gente
que era a gente
só a gente mesmo
lá naquele cantinho do mundo
no alto do morro
na última casa
ao lado da goiabeira

meus domingos eram preenchidos pelo caranguejal
de minha vó
aos 40 ela já tinha a idade anciã
vagueava por suas lembranças-curupiras
e por suas noites aluaradas do sertão
nas brincadeiras de roda ao céu descampado
de verrugas nas pontas dos dedos
ao contabilizar estrelas
como se soubesse que as lembranças
de suas noites pequenas
a salvaria na cidade grande
minha vó tinha olhos cor do entardecer

— filha, diga o que vê

— vejo tua subida no morro de casa, vó
e escuto a reclamação dos dias quentes
de guarda-chuvar o sol
de onde vêm suas cantorias de domingo?

— vêm do ventre da nossa terra
aquela que nem sei o endereço
mas que um dia você vai achar
mapear raiz
e voltar para casa

vou abrir o portão

a vida é uma ciranda

minha mãe dizia que se eu comesse sementes
nasceria uma macieira na minha barriga
eu bem queria uma árvore de estimação
dessas que são morada para ninhos de passarinhos
abrigo para casais de namorados em dias de chuva
subindo crescendo como maré
até arranhar céu
dentro da minha barriga

minha vó comprava sapatos maiores que os pés
para ocupar mais espaço no mundo

ser tão chão

espaço de tempo em que nada me vem à cabeça
só sinto a fumaça de vento aguado
que molha meu rosto e me planta

pássaros me ensinam
alisar vastidão

eu sempre quis um catamarã
mas agora, hoje mesmo, descobri que prefiro um veleiro
catamarã é barco para águas calmas
veleiro é bicho de travessia
você sabia que o quero-quero era guardador das longas
travessias indígenas?
protegia índios que atravessavam distâncias
com suas famílias à procura de novos seios
novas terras-alimento
nas noites na mata
eram os quero-queros
que anunciavam a chegada do perigo
outra lenda diz que Nossa Senhora condenou o bicho
a um querer eterno
a gente e nossos quereres
que nos fazem atravessar todo canto
à procura do que nos mate a fome

estrada é coisa que me faz vez ou outra
esquecer de mim
me tornar caminho
no barro recrio o vazio
dona de coisa nenhuma
sigo
já sem peso
sem memória
só vasto chão

nos meus aniversários gosto de não dormir
para envelhecer aos poucos, em 24 horas
minha vó dizia que café é acalanto
acho mesmo que é chamego
eu posso mudar a ordem das frases
mas no fundo estou sempre dizendo a mesma coisa
eu queria era viver para cuidar de pandas
eu poderia viajar 360 dias
os restantes eu dormiria na minha cama
eu queria me chamar Maria
mas minha mãe não quis
meus pés foram feitos mais para o chão
do que para sapatos
eu sempre vou embora da Bahia aos poucos
para não me traumatizar

perdemos o nosso sangue de bicho
nossos olhos de árvore
a linguagem pobre
-combustível da boca-
-sede da terra-
para falar arrumado em falsas verdades
nosso falecido canto adormeceu peito
e o dormente amor nem se levantou
hoje meu grito clama pela cidade deserto
reivindica o direito de ser fogo
de queimar entranhas
fazer carnaval
e as sonoras notas do amanhecer
banham de água-benta o que era sertão

é na seca que se vê a força da terra
a potência do grão
no fundo você sabe
que só é alimentado do que realmente precisa
nessa colheita toda perda é sorte

chuva é coisa que faz a gente
lembrar de escorrer
gota a gota

eu respiro a respiração das árvores
na minha mão o pulsar da terra
Rosa foi pega por um escorpião
escorpião é bicho de pegar ninguém
mas quando pega é bicho que arde
veneno que esquenta sangue
o meu e de Rosa
mas Rosa não tem medo de nada
eu tenho
anda pela escuridão úmida para forrar a pele
ando escutando o canto das formigas
bicho que só canta pra quem quer ouvir
no meu estado de vento vagueio em outras terras
terras que de criança já conheci e me esqueci
no meu décimo primeiro aniversário perdi a memória
para apagar incêndios
depois me lembrei quando Rosa veio me visitar
trazia na mala o canto do tempo
o canto dizia para eu não ter pressa
que vida mesmo é tudo que me escorria
e a mão que não tocava a terra
sabia que logo chegaria a hora
Rosa era fruto de amor feito na sombra do rio
tem gente que pensa que rio não faz sombra
tem que gente que pensa que escorpião
tem zona territorial
Rosa disse para eu não acreditar nessa gente
que acha que pulso de vida é relógio

eu sempre fui de fundo
de imensidão
mas não no mar
no mar é sempre beira
à beira
do mar
e de mim

Camilo tinha nas mãos uvas
e no corpo o peso dos seus 9 anos
as mais doces que eu já comi
eu dizia enquanto emburacava as mãos e catava umas
ele me contou que não nasceu
mas gostava um bocado de viver por aqui
falava elétrico com as roupas lambuzadas
do tanto de frutas que comera durante todo o dia
os cabelos loirinhos, como os meus na sua idade
seu pai tinha mãos fortes e sensíveis
para fazer com destreza de pedras, joias
eu sempre gostei das brutas
a beleza do que vem da terra e só
mas ultimamente tenho achado bonito
o trabalho de fazer melhor, mais brilhante
sentei na calçada junto a Camilo
continuei a comer as pequenas uvas pretas
comer mel
o papo lá atrás correndo
e nossos ouvidos na calmaria interior

os cantos em que me perco
são aqueles em que me acho mais

contabilizo o passar das horas pelo pulsar do peito
respiração é brisa
minha mente-terra forma palavras-pássaro
rego a seca com saliva
anuncio peito escancarado
percorro existências chapada
girando ao redor do sol

os átomos no corpo giram
coração brota da terra
espaço e tempo partilham a mesma carne

encolho reajo transpiro
lá fora o tempo recolhe
teu amanhecer esquecido de mim
traço rotas
mapeio o tempo
e enquanto pulsar
permaneço

o menino que sabia demais fingia saber menos para caber
na concretude do mundo
mas mesmo assim não há encaixe, senhora
o mundo que desconhecia o menino
que não acreditava na sua existência
teimava em envelhecer dia após dia
carros voadores
tralhas urbanas
palavras entulhadas
ódio televisado
coleções de controles remotos
chips inalcançáveis
dicionários de perdas
saudades a céu aberto
sentimentos entubados
e o menino lá
na beira do próprio abismo
parcelava seu fim no cartão de crédito
financiava sua angústia
comia
vestia
trepava
sorria
rezava
e era menino
o mundo que achava saber mais dele do que ele mesmo
pedia incansavelmente
um pouco mais
um pouco mais

e o menino seguia mantendo-se ereto
sobre as pernas
-desafio constante para o sistema nervoso-
transferia o peso de uma perna à outra
e gravitava entre bolhas
ele que tinha se escolhido para ser nada
que via mais beleza no vazio do que na vastidão
tonteava tentando fazer da vida uma coisa assim
um pouco mais
e no movimento contínuo infinito
o menino foi petrificando os olhos
calando os passos
tragando noites
catalogando seus fins pouco a pouco
ele que de início só era o que era: menino
agora já não era mais coisa nenhuma

calço o mundo nos pés
mas ele me aperta o calcanhar

muro pequeno se pula de uma vez só
para não esfriar vontade

quando perguntei dos seus dias secos
ela me respondeu
que foram os dias em que não se permitiu molhar
disse que folha de árvore só caía com sua permissão
dos seus arrependimentos de garota
guardou os que fez de tudo pra esquecer
memória é bicho doido mesmo
a gente finge que esquece e num atravessar a nado
é água para todo lado
nos olhos
duas bilhas de marfim
tudo se via
na pressa
a delicadeza de passeios em Paquetá
na raiva
o nascer de uma criança
era de escurecer céu
coisa de trovoada
também com um pai daquele
nem era de se admirar
a moça que eu conheci trazia na mala sua saudade
para me presentear
guardo-a na minha cristaleira da sala
às vezes dá uma vontade de abrir
de tirar a poeira
mas como as louças de família
deixo lá
tem coisa que só serve para enfeitar

não é guerra de levantar faca
é guerra de destampar peito

é desconectado mesmo. a função das coisas. você até
procura um sentido para caber na boca. na explicação. mas
não tem. o problema é se acostumar.
com a inexistência de sentido. e mesmo assim querer existir.
a coisa é um barato. um barato.
hoje no supermercado uma moça procurava um produto
para limpar dos vidros as marcas das mãos.
ela dizia: tudo anda manchado de digitais. e eu segui
pensando de quem eram. de quem eram as digitais.
outro dia tentei apagar também. um pouquinho antes do
êxito. a fuga. antes do fim. fugi. essa invisibilidade me
cansa. olhar e só ver o outro lado. eu gosto de ser
manchada. levar a vida usada. tocada.
bordada com as linhas das mãos.

a cada partir nasce a gente

a alma arraigada na pele
afoita, vivida, ligeira
olhos borrifam o horizonte
tilintam fosforescentes na penumbra
punhos fundos, maciços, cerrados
içam o dia com a coragem do riso
dedos criam homens do barro
e a gente se confude com células, cosmos e borboletas
todos são iguais olhados da lua
Deus é um mundo que brilha
na gente respinga tinta

entre tintas e tintos estão meus textos
e o aço fino do tabaco que me queima pulmões
nas pedras que seguram meu trovoar
sobrevoo
lá fora, a passos lentos, o tempo
e eu teria um troço se não tivesse os livros,
os beijos, as tralhas, os textos, o palco, os grampos
o samba
e Marte

em leão

chão vermelho © Juliane Araújo, 07/2020
chão vermelho © Crivo Editorial, 07/2020

Edição: Márcio Vassallo
Revisão e coedição: Amanda Bruno de Mello
Capa: Alexandre Bucsky
Ilustração: Pally Siqueira
Projeto gráfico: Haley Caldas

Dados Internacionais de Catalogação na Publicação (CIP) de acordo com ISBD
••

A663c   Araújo, Juliane

                Chão Vermelho / Juliane Araújo; ilustrado por Pally Siqueira. - 2. ed. Belo Horizonte: Crivo Editorial, 07/2020.
                116 p.; 14cm x 21cm.
                ISBN: 978.65.9904.119.8
                1. Literatura Brasileira. 2. Poesia. I. Siqueira, Pally.
                II. Título.

                                                CDD 869.1
2020-1335   CDU 821.134.3(81)-1
••
Elaborado por Vagner Rodolfo da Silva - CRB-8/9410
Índice para catalogo sistemático:

1. Literatura brasileira: Poesia 869.1
2. Literatura brasileira: Poesia 821.134.3(81)-1

Crivo Editorial
Rua Fernandes Tourinho, 602, sala 502
30.112-000 - Funcionários - BH - MG
www.crivoeditorial.com.br
contato@crivoeditorial.com.br
facebook.com/crivoeditorial
instagram.com/crivoeditorial
https://crivo-editorial.lojaintegrada.com.br/

Este livro foi composto em Amatic SC e Minion Pro, sobre Cartão 250g/m², para capa; e o Pólen 80g/m², para o miolo. Foi impresso em Belo Horizonte no mês de julho de 2020 para a Crivo Editorial.